日本国憲法
The Constitution of Japan

憲法会議[編]

本の泉社

も　く　じ

日本国憲法……………………………………………3
　第一章　天皇 ………………………………11
　第二章　戦争の放棄 ………………………23
　第三章　国民の権利及び義務 ……………27
　第四章　国会 ………………………………65
　第五章　内閣 ………………………………93
　第六章　司法 ………………………………107
　第七章　財政 ………………………………123
　第八章　地方自治 …………………………133
　第九章　改正 ………………………………139
　第十章　最高法規 …………………………143
　第十一章　補則 ……………………………148
付録　大日本帝国憲法 ………………………155
　　　日米安全保障条約 ……………………170

日本国憲法の文体　原文は作家・山本有三氏らの要望を受けて口語体となりましたが、歴史的な漢字（正字体）・かなづかいです。本書の条文では、漢字は新字体とし、かなづかいは本文を原文のままとし、ふりがなで現代かなづかいを表示しました。

条文見出し・項番号　日本国憲法の原文には、条文ごとの見出しや、各項の項番号はありません。本書は、読みやすくするため、有斐閣刊『ポケット六法』をもとに条文の見出しをつけ、項目ごとに丸数字で項番号をつけました。

用語解説　日常あまり使われていない用語の意味に限定し、法律学者や国語学者の協力を得て作成しました。

にほんこくけんぽう
日本国憲法

The Constitution of Japan

　朕は、日本国民の総意に基いて、新日本建設の礎が、定まるに至つたことを、深くよろこび、枢密顧問の諮詢及び帝国憲法第七十三条による帝国議会の議決を経た帝国憲法の改正を裁可し、ここにこれを公布せしめる。

　御名御璽
　　昭和二十一年十一月三日

内閣総理大臣兼		
外　務　大　臣		吉　田　　茂
国　務　大　臣	男爵	幣原喜重郎
司　法　大　臣		木村篤太郎
内　務　大　臣		大村　清一
文　部　大　臣		田中耕太郎
農　林　大　臣		和田　博雄
国　務　大　臣		斉藤　隆夫
逓　信　大　臣		一松　定吉
商　工　大　臣		星島　二郎
厚　生　大　臣		河合　良成
国　務　大　臣		植原悦二郎
運　輸　大　臣		平塚常次郎
大　蔵　大　臣		石橋　湛山
国　務　大　臣		金森徳次郎
国　務　大　臣		膳　桂之助

日本国憲法

日本国民は、正当に選挙された国会における代表者を通じて行動し、われらとわれらの子孫のために、諸国民との協和による成果と、わが国全土にわたつて自由のもたらす恵沢を確保し、政府の行為によつて再び戦争の惨禍が起ることのないやうにすることを決意し、ここに主権が国民に存することを宣言し、この憲法を確定する。そもそも国政は、国民の厳粛な信託によるものであつて、その権威は国民に由来し、その権力は国民の代表者がこれを行使し、その福利は国民がこれを享受する。これは人類普遍の原理であり、この憲法は、かかる原理に基くものである。われらは、これに

We, the Japanese people, acting through our duly elected representatives in the National Diet, determined that we shall secure for ourselves and our posterity the fruits of peaceful cooperation with all nations and the blessings of liberty throughout this land, and resolved that never again shall we be visited with the horrors of war through the action of government, do proclaim that sovereign power resides with the people and do firmly establish this Constitution. Government is a sacred trust of the people, the authority for which is derived from the people, the powers of which are exercised by the representatives of the people, and the benefits of which are enjoyed by the people. This is a universal principle of mankind upon which this Constitution is founded.We reject and revoke all constitutions, laws, ordinances, and rescripts in conflict herewith.

協和（きょうわ）　心をあわせて仲よくすること。平和的な協力。
恵沢（けいたく）　恩恵をうけること。
惨禍（さんか）　痛ましいわざわい。
主権（しゅけん）　①国内的には統治権、または国の政治のあり方を最終的に決定する権力、②対外的にはいかなる国・勢力の支配にも従属しないで、国内・対外関係を自国の力で決定する独立性。前文第一段落の「主権」は①、第三段落の「主権」は②の意味。

日本国憲法

反する一切の憲法、法令及び詔勅を排除する。

　日本国民は、恒久の平和を念願し、人間相互の関係を支配する崇高な理想を深く自覚するのであつて、平和を愛する諸国民の公正と信義に信頼して、われらの安全と生存を保持しようと決意した。われらは、平和を維持し、専制と隷従、圧迫と偏狭を地上から永遠に除去しようと努めてゐる国際社会において、名誉ある地位を占めたいと思ふ。われらは、全世界の国民が、ひとしく恐怖と欠乏から免かれ、平和のうちに生存する権利を有することを確認する。

We, the Japanese people, desire peace for all time and are deeply conscious of the high ideals controlling human relationship, and we have determined to preserve our security and existence, trusting in the justice and faith of the peace-loving peoples of the world. We desire to occupy an honored place in an international society striving for the preservation of peace, and the banishment of tyranny and slavery, oppression and intolerance for all time from the earth. We recognize that all peoples of the world have the right to live in peace, free from fear and want.

信託(しんたく) 信用してまかせること。イギリス名誉革命の理論家ジョン・ロックの「信託の理論」につながる。信託の目的に明らかに反する行動をとれば信託はうばわれ、権力は国民の手にもどる。

福利(ふくり) 幸福と利益。

享受(きょうじゅ) 受け入れてたのしむこと。

普遍の原理(ふへんのげんり) すべてに共通するおおもとの法則。

法令(ほうれい) 法律や命令の全体を指す言葉。

詔勅(しょうちょく) 天皇が公に意思を示す場合の文書。「詔書」「勅書」「勅語」などがある。

専制(せんせい) 独断で政治を進めること。

隷従(れいじゅう) ある者に支配され、いいなりに従うこと。

日本国憲法

　われらは、いづれの国家も、自国のことのみに専念して他国を無視してはならないのであつて、政治道徳の法則は、普遍的なものであり、この法則に従ふことは、自国の主権を維持し、他国と対等関係に立たうとする各国の責務であると信ずる。
　日本国民は、国家の名誉にかけ、全力をあげてこの崇高な理想と目的を達成することを誓ふ。

We believe that no nation is responsible to itself alone, but that laws of political morality are universal;and that obedience to such laws is incumbent upon all nations who would sustain their own sovereignty and justify their sovereign relationship with other nations.

We, the Japanese people, pledge our national honor to accomplish these high ideals and purposes with all our resources.

第1章 天皇(てんのう)

Chapter.1 The Emperor

第一章　天皇

第一条 [天皇の地位・国民主権] 天皇は、日本国の象徴であり日本国民統合の象徴であつて、この地位は、主権の存する日本国民の総意に基く。

第二条 [皇位の継承] 皇位は、世襲のものであつて、国会の議決した皇室典範の定めるところにより、これを継承する。

第三条 [天皇の国事行為に対する内閣の助言と承認] 天皇の国事に関するすべての行為には、内閣の助言と承認を必要とし、内閣が、その責任を負ふ。

Article 1. The Emperor shall be the symbol of the State and of the unity of the people, deriving his position from the will of the people with whom resides sovereign power.

Article 2. The Imperial Throne shall be dynastic and succeeded to in accordance with the Imperial House Law passed by the Diet.

Article 3. The advice and approval of the Cabinet shall be required for all acts of the Emperor in matters of state, and the Cabinet shall be responsible therefor.

象徴(しょうちょう) ハトは平和、ハートは愛というようにそれを見ると他のものを連想したり、きわめて深い関係にあることがわかるもの。象徴するのは物体か動植物が普通で、人間個人を当てるのは異例。

統合(とうごう) 二つ以上のものを一つにまとめること。

皇位(こうい) 天皇の地位。

世襲(せしゅう) 特定の地位につく資格が、もっぱらその血統を継ぐものだけに許されること。

皇室典範(こうしつてんぱん) 皇位継承、皇族、摂政など皇室の身分関係や儀式に関する重要事項を定めた法律。明治憲法の時代には、皇室典範は憲法と同じ位置を与えられ、議会の関与は許されなかった。

国事に関する行為(こくじにかんするこうい) 国家に関する行為、とくに政治に関する行為。

第一章　天皇

第四条 [天皇の権能の限界、天皇の国事行為の委任] ①　天皇は、この憲法の定める国事に関する行為のみを行ひ、国政に関する権能を有しない。

②　天皇は、法律の定めるところにより、その国事に関する行為を委任することができる。

第五条 [摂政] 皇室典範の定めるところにより摂政を置くときは、摂政は、天皇の名でその国事に関する行為を行ふ。この場合には、前条第一項の規定を準用する。

Article 4. The Emperor shall perform only such acts in matters of state as are provided for in this Constitution and he shall not have powers related to government.

The Emperor may delegate the performance of his acts in matters of state as may be provided by law.

Article 5. When, in accordance with the Imperial House Law, a Regency is established, the Regent shall perform his acts in matters of state in the Emperor's name. In this case, paragraph one of the preceding article will be applicable.

権能　あることをすることが許される資格。
摂政　天皇が憲法に定められた行為をおこなえないとき（天皇が18歳以下、もしくは精神や身体の病気、重大な事故のときなど）、天皇に代わってその行為をおこなうもの。
準用　ある事項に関する規定を、必要な修正をして他の類似する事項に適用すること。

第一章　天皇

第六条 [天皇の任命権] ① 天皇は、国会の指名に基いて、内閣総理大臣を任命する。
② 天皇は、内閣の指名に基いて、最高裁判所の長たる裁判官を任命する。

第七条 [天皇の国事行為] 天皇は、内閣の助言と承認により、国民のために、左の国事に関する行為を行ふ。
一　憲法改正、法律、政令及び条約を公布すること。
二　国会を召集すること。
三　衆議院を解散すること。
四　国会議員の総選挙の施行を公示すること。

Article 6. The Emperor shall appoint the Prime Minister as designated by the Diet.

The Emperor shall appoint the Chief Judge of the Supreme Court as designated by the Cabinet.

Article 7. The Emperor, with the advice and approval of the Cabinet, shall perform the following acts in matters of state on behalf of the people:

Promulgation of amendments of the constitution, laws, cabinet orders and treaties.

Convocation of the Diet.

Dissolution of the House of Representatives.

Proclamation of general election of members of the Diet.

指名 公職の適任者を選ぶこと。任命権者は別にいる。

政令 憲法や法律を実施するために内閣が制定する命令。法律の実施のために必要な細則を定める性質をもつ執行命令と、法律の委任にもとづいて定める委任命令がある。

召集 衆参の国会議員にたいして、議会開会のために一定期日以内に国会に集まることを命ずること。天皇が内閣の助言と承認にもとづき詔書（7頁・前文注「詔勅」参照）の形でおこなう。

公示 法令上は、総選挙の施行を一般国民に知らせる行為をいうが、「告示」との区別はかならずしも明らかではない。

第一章　天皇

五　国務大臣及び法律の定めるその他の官吏の任免並びに全権委任状及び大使及び公使の信任状を認証すること。

六　大赦、特赦、減刑、刑の執行の免除及び復権を認証すること。

七　栄典を授与すること。

八　批准書及び法律の定めるその他の外交文書を認証すること。

九　外国の大使及び公使を接受すること。

十　儀式を行ふこと。

Attestation of the appointment and dismissal of Ministers of State and other officials as provided for by law, and of full powers and credentials of Ambassadors and Ministers.

Attestation of general and special amnesty, commutation of punishment, reprieve, and restoration of rights.

Awarding of honors.

Attestation of instruments of ratification and other diplomatic documents as provided for by law.

Receiving foreign ambassadors and ministers.

Performance of ceremonial functions.

委任状（いにんじょう） ある人に一定の事項を任せると記した書状。
大使（たいし） 最高級の外交使節。**公使（こうし）** 大使につぐ外交使節。
信任状（しんにんじょう） 使節を派遣する国が、その人物に一定の事柄の実行を任せることを記した相手国あて書状。
認証（にんしょう） ある行為、文書またはその内容が正当な手続きによることを、公の機関が証明すること。
大赦（たいしゃ） 判決ずみの特定の罪についてその判決の効力を失わせ、判決前であれば訴えを取り下げること。
特赦（とくしゃ） 特定の者への有罪判決の効力を失わせること。
減刑（げんけい） 確定している刑を軽くすること。
栄典（えいてん） 勲章など栄誉を表するために与えられる地位。
批准（ひじゅん） 条約を国家が最終的に確認、同意する手続き。
外交使節の接受（がいこうしせつのせつじゅ） 外国使節を公式に受け入れること。

第八条[皇室の財産授受] 皇室に財産を譲り渡し、又は皇室が、財産を譲り受け、若しくは賜与することは、国会の議決に基かなければならない。

Article 8. No property can be given to, or received by, the Imperial House, nor can any gifts be made therefrom, without the authorization of the Diet.

賜与(しよ)　身分の高い者から低い者に与えること。

第2章 戦争の放棄
Chapter.2 Renunciation of War

第二章　戦争の放棄

第九条［戦争の放棄、戦力及び交戦権の否認］

① 日本国民は、正義と秩序を基調とする国際平和を誠実に希求し、国権の発動たる戦争と、武力による威嚇又は武力の行使は、国際紛争を解決する手段としては、永久にこれを放棄する。

② 前項の目的を達するため、陸海空軍その他の戦力は、これを保持しない。国の交戦権は、これを認めない。

Article 9. Aspiring sincerely to an international peace based on justice and order, the Japanese people forever renounce war as a sovereign right of the nation and the threat or use of force as means of settling international disputes.

In order to accomplish the aim of the preceding paragraph, land, sea, and air forces, as well as other war potential, will never be maintained. The right of belligerency of the state will not be recognized.

希求（ききゅう）　願い求めること。
国権（こっけん）　国家権力。この場合は、国家が国内法や国際法でもっている権利の全体を意味する。
放棄（ほうき）　なげすてること。
交戦権（こうせんけん）　国家が戦争をおこなう権利（交戦法規や中立法規など国家が戦時国際法で認められている権利を含む）。

第3章 国民の権利及び義務
Chapter.3 Rights and Duties of the People

第三章　国民の権利及び義務

第一〇条 [国民の要件] 日本国民たる要件は、法律でこれを定める。

第一一条 [基本的人権の享有] 国民は、すべての基本的人権の享有を妨げられない。この憲法が国民に保障する基本的人権は、侵すことのできない永久の権利として、現在及び将来の国民に与へられる。

Article 10. The conditions necessary for being a Japanese national shall be determined by law.

Article 11. The people shall not be prevented from enjoying any of the fundamental human rights. These fundamental human rights guaranteed to the people by this Constitution shall be conferred upon the people of this and future generations as eternal and inviolate rights.

要件 必要な条件。
基本的人権 国家・政府によっても制限することができないとされる個々の人間に固有の自由や権利。
享有 権利・才能など無形のものを生まれながらもっていること。

第三章　国民の権利及び義務

第一二条 [自由・権利の保持の責任とその濫用の禁止]
この憲法が国民に保障する自由及び権利は、国民の不断の努力によつて、これを保持しなければならない。又、国民は、これを濫用してはならないのであつて、常に公共の福祉のためにこれを利用する責任を負ふ。

第一三条 [個人の尊重・幸福追求権・公共の福祉]
すべての国民は、個人として尊重される。生命、自由及び幸福追求に対する国民の権利については、公共の福祉に反しない限り、立法その他の国政の上で、最大の尊重を必要とする。

Article 12. The freedoms and rights guaranteed to the people by this Constitution shall be maintained by the constant endeavor of the people, who shall refrain from any abuse of these freedoms and rights and shall always be responsible for utilizing them for the public welfare.

Article 13. All of the people shall be respected as individuals. Their right to life, liberty, and the pursuit of happiness shall, to the extent that it does not interfere with the public welfare, be the supreme consideration in legislation and in other governmental affairs.

不断（ふだん）　絶えまのないこと。
濫用（らんよう）　みだりに用いること。
公共の福祉（こうきょうのふくし）　社会全体の利益。現代国家では、社会的弱者を保護するとともに、社会の成員全体にたいして人間らしい生存を保障することが国家の任務とされている。
幸福追求の権利（こうふくついきゅうのけんり）　憲法に権利として明記されていなくとも、人間が人間らしい生活を営むために必要なことを追求する権利を広くくくった言葉。プライバシー権、人格権、環境権などが、これにあたると主張される。

第三章　国民の権利及び義務

第一四条［法の下の平等、貴族の禁止、栄典］

① すべて国民は、法の下に平等であつて、人種、信条、性別、社会的身分又は門地により、政治的、経済的又は社会的関係において、差別されない。

② 華族その他の貴族の制度は、これを認めない。

③ 栄誉、勲章その他の栄典の授与は、いかなる特権も伴はない。栄典の授与は、現にこれを有し、又は将来これを受ける者の一代に限り、その効力を有する。

Article 14. All of the people are equal under the law and there shall be no discrimination in political, economic or social relations because of race, creed, sex, social status or family origin.

Peers and peerage shall not be recognized.

No privilege shall accompany any award of honor, decoration or any distinction, nor shall any such award be valid beyond the lifetime of the individual who now holds or hereafter may receive it.

法の下の平等 権利の享有や義務の負担について、すべての人を平等にあつかわなければならないとする原則および権利。

門地 家がら。

華族 1884年の華族令で定められた特権をともなう社会的身分で、最初は明治維新に功績があったものに授けられたが、後に実業家にも拡大された。公・候・伯・子・男の爵位にわかれる。

貴族 出生によって社会的特権を与えられた身分。

栄典 栄誉を表するために与えられる地位の総称で勲章も含まれる。

第三章　国民の権利及び義務

第一五条[公務員選定罷免権、公務員の本質、普通選挙の保障、秘密投票の保障]

① 公務員を選定し、及びこれを罷免することは、国民固有の権利である。

② すべて公務員は、全体の奉仕者であつて、一部の奉仕者ではない。

③ 公務員の選挙については、成年者による普通選挙を保障する。

④ すべて選挙における投票の秘密は、これを侵してはならない。選挙人は、その選択に関し公的にも私的にも責任を問はれない。

Article 15. The people have the inalienable right to choose their public officials and to dismiss them.

All public officials are servants of the whole community and not of any group thereof.

Universal adult suffrage is guaranteed with regard to the election of public officials.

In all elections, secrecy of the ballot shall not be violated. A voter shall not be answerable, publicly or privately, for the choice he has made.

選定（せんてい）　選び定めること。
罷免（ひめん）　職務をやめさせること。
固有の権利（こゆうのけんり）　もともともっている権利。
成年（せいねん）　完全な行為能力者とされる年齢で、民法では満20歳だが、天皇とその世継ぎの場合は18歳。諸外国では18歳が多い。
普通選挙（ふつうせんきょ）　社会的身分や財産、教養などを資格要件とせずに、すべての成年に選挙権を認めること。

第三章　国民の権利及び義務

第一六条 [請願権] 何人も、損害の救済、公務員の罷免、法律、命令又は規則の制定、廃止又は改正その他の事項に関し、平穏に請願する権利を有し、何人も、かかる請願をしたためにいかなる差別待遇も受けない。

第一七条 [国及び公共団体の賠償責任] 何人も、公務員の不法行為により、損害を受けたときは、法律の定めるところにより、国又は公共団体に、その賠償を求めることができる。

Article 16. Every person shall have the right of peaceful petition for the redress of damage, for the removal of public officials, for the enactment, repeal or amendment of laws, ordinances or regulations and for other matters; nor shall any person be in any way discriminated against for sponsoring such a petition.

Article 17. Every person may sue for redress as provided by law from the State or a public entity, in case he has suffered damage through illegal act of any public official.

請願権 国民が国会や官公署、地方自治体など公の機関にたいして希望を述べる権利。

不法行為 故意または過失によって他人の権利を侵害し、他人に損害をもたらす行為。

公共団体 団体の存立そのものが公共性をもつもので、地方自治体をはじめ、公共組合（土地改良区・水害予防組合など）や公社・公団も含まれる。

第三章　国民の権利及び義務

第一八条 [奴隷的拘束及び苦役からの自由]

何人も、いかなる奴隷的拘束も受けない。又、犯罪に因る処罰の場合を除いては、その意に反する苦役に服させられない。

第一九条 [思想及び良心の自由]

思想及び良心の自由は、これを侵してはならない。

Article 18. No person shall be held in bondage of any kind. Involuntary servitude, except as punishment for crime is prohibited.

Article 19. Freedom of thought and conscience shall not be violated.

奴隷的拘束(どれいてきこうそく)　人格を否定するような形で行動の自由をうばうこと。

苦役(くえき)　肉体的・精神的な苦痛をともなう労働。

第三章　国民の権利及び義務

第二〇条 [信教の自由] ①　信教の自由は、何人に対してもこれを保障する。いかなる宗教団体も、国から特権を受け、又は政治上の権力を行使してはならない。
②　何人も、宗教上の行為、祝典、儀式又は行事に参加することを強制されない。
③　国及びその機関は、宗教教育その他いかなる宗教的活動もしてはならない。

Article 20. Freedom of religion is guaranteed to all. No religious organization shall receive any privileges from the State, nor exercise any political authority.

No person shall be compelled to take part in any religious acts, celebration, rite or practice.

The State and its organs shall refrain from religious education or any other religious activity.

機関(きかん) 個人または団体がある目的を達成するためにつくった組織。法人や団体などの意思を決定したり、実行したりする地位にある者。

第三章　国民の権利及び義務

第二一条〔集会・結社・表現の自由、通信の秘密〕① 集会、結社及び言論、出版その他一切の表現の自由は、これを保障する。
② 検閲は、これをしてはならない。通信の秘密は、これを侵してはならない。

第二二条〔居住・移転及び職業選択の自由、外国移住及び国籍離脱の自由〕① 何人も、公共の福祉に反しない限り、居住、移転及び職業選択の自由を有する。
② 何人も、外国に移住し、又は国籍を離脱する自由を侵されない。

Article 21. Freedom of assembly and association as well as speech, press and all other forms of expression are guaranteed.

No censorship shall be maintained, nor shall the secrecy of any means of communication be violated.

Article 22. Every person shall have freedom to choose and change his residence and to choose his occupation to the extent that it does not interfere with the public welfare.

Freedom of all persons to move to a foreign country and to divest themselves of their nationality shall be inviolate.

結社（けっしゃ）　何人かの人が共通の目的を達成するためにつくる団体。

検閲（けんえつ）　外部に発表しようとする出版、映画などの表現内容を事前に公権力が審査し、不許可としたものの発表を禁止する行為。

国籍（こくせき）　特定の国家の所属員としての資格。

離脱（りだつ）　所属から抜け出ること。

第三章　国民の権利及び義務

第二三条 [学問の自由] 学問の自由は、これを保障する。

第二四条 [家族生活における個人の尊厳と両性の平等] ① 婚姻は、両性の合意のみに基いて成立し、夫婦が同等の権利を有することを基本として、相互の協力により、維持されなければならない。
② 配偶者の選択、財産権、相続、住居の選定、離婚並びに婚姻及び家族に関するその他の事項に関しては、法律は、個人の尊厳と両性の本質的平等に立脚して、制定されなければならない。

Article 23. Academic freedom is guaranteed.

Article 24. Marriage shall be based only on the mutual consent of both sexes and it shall be maintained through mutual cooperation with the equal rights of husband and wife as a basis.

With regard to choice of spouse, property rights, inheritance, choice of domicile, divorce and other matters pertaining to marriage and the family, laws shall be enacted from the standpoint of individual dignity and the essential equality of the sexes.

婚姻（こんいん）　結婚して夫婦となること。
両性（りょうせい）　男性と女性。

第三章　国民の権利及び義務

第二五条 [生存権、国の社会的使命] ① すべて国民は、健康で文化的な最低限度の生活を営む権利を有する。
② 国は、すべての生活部面について、社会福祉、社会保障及び公衆衛生の向上及び増進に努めなければならない。

第二六条 [教育を受ける権利、教育の義務]
① すべて国民は、法律の定めるところにより、その能力に応じて、ひとしく教育を受ける権利を有する。
② すべて国民は、法律の定めるところにより、その保護する子女に普通教育を受けさせる義務を負ふ。義務教育は、これを無償とする。

Article 25. All people shall have the right to maintain the minimum standards of wholesome and cultured living.

In all spheres of life, the State shall use its endeavors for the promotion and extension of social welfare and security, and of public health.

Article 26. All people shall have the right to receive an equal education correspondent to their ability, as provided by law.

All people shall be obligated to have all boys and girls under their protection receive ordinary educations as provided for by law. Such compulsory education shall be free.

生存権 国家にたいして、人間にふさわしい生活を要求する権利。

社会福祉 社会保障と区別して狭い意味に使うときは、障害者や児童、高齢者などを援助・育成し、自立してその能力を発揮できるようにするための制度。

社会保障 社会福祉と区別して狭い意味につかうときは、健康保険や年金など国民自身も負担する社会保険と、生活保護法などの公的扶助の制度。

普通教育 専門教育にたいして、一般社会人として必要な教養を身につけさせるための教育。学校教育法では、高校における普通教育まで含んでいる。

第三章　国民の権利及び義務

第二七条［勤労の権利及び義務、勤労条件の基準、児童酷使の禁止］
① すべて国民は、勤労の権利を有し、義務を負ふ。
② 賃金、就業時間、休息その他の勤労条件に関する基準は、法律でこれを定める。
③ 児童は、これを酷使してはならない。

第二八条［勤労者の団結権］
勤労者の団結する権利及び団体交渉その他の団体行動をする権利は、これを保障する。

Article 27. All people shall have the right and the obligation to work.

Standards for wages, hours, rest and other working conditions shall be fixed by law.

Children shall not be exploited.

Article 28. The right of workers to organize and to bargain and act collectively is guaranteed.

勤労(きんろう) 賃金をもらって一定の時間内仕事をすること。
酷使(こくし) こきつかうこと。
団結権(だんけつけん) 労働者が労働条件の維持・改善のため団体（労働組合）を結成したり、これに加入する権利。
団体交渉権(だんたいこうしょうけん) 労働者の団体が、労働者を代表して使用者と労働条件について交渉すること。
団体行動権(だんたいこうどうけん) 労働条件の維持・改善のため、労働者が集団的な意思にもとづいて活動する権利。具体的には、ストライキを中心とした争議行為と組合活動がある。

第三章　国民の権利及び義務

第二九条［財産権］　①　財産権は、これを侵してはならない。
②　財産権の内容は、公共の福祉に適合するやうに、法律でこれを定める。
③　私有財産は、正当な補償の下に、これを公共のために用ひることができる。

第三〇条［納税の義務］　国民は、法律の定めるところにより、納税の義務を負ふ。

第三一条［法定の手続の保障］　何人も、法律の定める手続によらなければ、その生命若しくは自由を奪はれ、又はその他の刑罰を科せられない。

Article 29. The right to own or to hold property is inviolable.

Property rights shall be defined by law, in conformity with the public welfare.

Private property may be taken for public use upon just compensation therefor.

Article 30. The people shall be liable to taxation as provided by law.

Article 31. No person shall be deprived of life or liberty, nor shall any other criminal penalty be imposed, except according to procedure established by law.

公共の福祉　社会全体の利益。現代国家では、社会的弱者を保護するとともに、社会の成員全体にたいして人間らしい生存を保障することが国家の任務とされている。

納税　税金をおさめること。たんなる義務だけでなく、納税にともない権利も生ずるとされる。

第三章　国民の権利及び義務

第三二条 [裁判を受ける権利] 何人も、裁判所において裁判を受ける権利を奪はれない。

第三三条 [逮捕の要件] 何人も、現行犯として逮捕される場合を除いては、権限を有する司法官憲が発し、且つ理由となつてゐる犯罪を明示する令状によらなければ、逮捕されない。

Article 32. No person shall be denied the right of access to the courts.

Article 33. No person shall be apprehended except upon warrant issued by a competent judicial officer which specifies the offense with which the person is charged, unless he is apprehended, the offense being committed.

現行犯（げんこうはん） 現に罪をおこない、または罪をおこない終わった者。

司法官憲（しほうかんけん） ひろい意味では、裁判官、検察官、司法警察職員を含む司法に関する職務をおこなう公務員を指すが、ここでは、裁判官の意味。

令状（れいじょう） 逮捕状、召喚状、捜索状など、強制処分を命じたり許可する裁判の判決書・決定書・命令書のこと。

第三章　国民の権利及び義務

第三四条〔抑留・拘禁の要件、不法拘禁に対する保障〕何人も、理由を直ちに告げられ、且つ、直ちに弁護人に依頼する権利を与へられなければ、抑留又は拘禁されない。又、何人も、正当な理由がなければ、拘禁されず、要求があれば、その理由は、直ちに本人及びその弁護人の出席する公開の法廷で示されなければならない。

Article 34. No person shall be arrested or detained without being at once informed of the charges against him or without the immediate privilege of counsel; nor shall he be detained without adequate cause; and upon demand of any person such cause must be immediately shown in open court in his presence and the presence of his counsel.

抑留(よくりゅう)　本人の意思に反して、一時的に一定の場所に留置すること。拘禁よりも時間的に短いものとされる。

拘禁(こうきん)　比較的長時間にわたり身体の自由をうばうこと。

弁護人(べんごにん)　刑事事件で被告人や被疑者(捜査機関から捜査の対象にされているが、まだ裁判所に訴えられていない者)の利益のために弁護する任務の人。

第三章　国民の権利及び義務

第三五条 [住居の不可侵] ① 何人も、その住居、書類及び所持品について、侵入、捜索及び押収を受けることのない権利は、第三十三条の場合を除いては、正当な理由に基いて発せられ、且つ捜索する場所及び押収する物を明示する令状がなければ、侵されない。
② 捜索又は押収は、権限を有する司法官憲が発する各別の令状により、これを行ふ。

Article 35. The right of all persons to be secure in their homes, papers and effects against entries, searches and seizures shall not be impaired except upon warrant issued for adequate cause and particularly describing the place to be searched and things to be seized, or except as provided by Article 33.

Each search or seizure shall be made upon separate warrant issued by a competent judicial officer.

押収（おうしゅう） 証拠物または没収すべきものを確保する刑事上の処分。

令状（れいじょう） 逮捕状、召喚状、捜索状など、強制処分を命じたり許可する裁判の判決書・決定書・命令書のこと。

司法官憲（しほうかんけん） ひろい意味では、裁判官、検察官、司法警察職員を含む司法に関する職務をおこなう公務員を指すが、ここでは、裁判官の意味。

各別（かくべつ） それぞれ別にすること。

第三章　国民の権利及び義務

第三六条 [拷問及び残虐刑の禁止] 公務員による拷問及び残虐な刑罰は、絶対にこれを禁ずる。

第三七条 [刑事被告人の権利] ① すべて刑事事件においては、被告人は、公平な裁判所の迅速な公開裁判を受ける権利を有する。
② 刑事被告人は、すべての証人に対して審問する機会を充分に与へられ、又、公費で自己のために強制的手続により証人を求める権利を有する。
③ 刑事被告人は、いかなる場合にも、資格を有する弁護人を依頼することができる。被告人が自らこれを依頼することができないときは、国でこれを附

Article 36. The infliction of torture by any public officer and cruel punishments are absolutely forbidden.

Article 37. In all criminal cases the accused shall enjoy the right to a speedy and public trial by an impartial tribunal.

He shall be permitted full opportunity to examine all witnesses, and he shall have the right of compulsory process for obtaining witnesses on his behalf at public expense.

At all times the accused shall have the assistance of competent counsel who shall, if the accused is unable to secure the same by his own efforts, be assigned to his use by the State.

刑事事件　刑罰を課すかどうかが問題となる事件。
被告人　刑事事件に関して検察官から裁判所の審判を求められている者。
審問　くわしく問いただすこと。
公費　国または公共団体の費用。
弁護人　刑事事件で被告人や被疑者（捜査機関から捜査の対象にされているが、まだ裁判所に訴えられていない者）の利益のために弁護する任務の人。

第三章　国民の権利及び義務

する。

第三八条〔自己に不利益な供述、自白の証拠能力〕 ① 何人も、自己に不利益な供述を強要されない。
② 強制、拷問若しくは脅迫による自白又は不当に長く抑留若しくは拘禁された後の自白は、これを証拠とすることができない。
③ 何人も、自己に不利益な唯一の証拠が本人の自白である場合には、有罪とされ、又は刑罰を科せられない。

Article 38. No person shall be compelled to testify against himself.

Confession made under compulsion, torture or threat, or after prolonged arrest or detention shall not be admitted in evidence.

No person shall be convicted or punished in cases where the only proof against him is his own confession.

供 述(きょうじゅつ) 被告人・被疑者・証人などが裁判官・検察官の質問に答えて事実や意見を述べること。

抑 留(よくりゅう) 本人の意思に反して、一時的に一定の場所に留置すること。拘禁よりも時間的に短いものとされる。

拘禁(こうきん) 比較的長時間にわたり身体の自由をうばうこと。

第三章　国民の権利及び義務

第三十九条 [遡及処罰の禁止・一事不再理] 何人も、実行の時に適法であつた行為又は既に無罪とされた行為については、刑事上の責任を問はれない。又、同一の犯罪について、重ねて、刑事上の責任を問はれない。

第四〇条 [刑事補償] 何人も、抑留又は拘禁された後、無罪の裁判を受けたときは、法律の定めるところにより、国にその補償を求めることができる。

Article 39. No person shall be held criminally liable for an act which was lawful at the time it was committed, or of which he has been acquitted, nor shall he be placed in double jeopardy.

Article 40. Any person, in case he is acquitted after he has been arrested or detained, may sue the State for redress as provided by law.

遡及(そきゅう)　過去にさかのぼって追及すること。

第4章 国会(こっかい)

Chapter.4 The Diet

第四章　国会

第四一条 [国会の地位・立法権] 国会は、国権の最高機関であつて、国の唯一の立法機関である。

第四二条 [両院制] 国会は、衆議院及び参議院の両議院でこれを構成する。

第四三条 [両議院の組織・代表] ① 両議院は、全国民を代表する選挙された議員でこれを組織する。
② 両議院の議員の定数は、法律でこれを定める。

Article 41. The Diet shall be the highest organ of state power, and shall be the sole law-making organ of the State.

Article 42. The Diet shall consist of two Houses, namely the House of Representatives and the House of Councillors.

Article 43. Both Houses shall consist of elected members, representative of all the people.

　　The number of the members of each House shall be fixed by law.

国権　国家権力。この場合は、国家が国内法や国際法でもっている権利の全体を意味する。

立法機関　法律を制定する機関。

第四章　国会

第四四条　[議員及び選挙人の資格] 両議院の議員及びその選挙人の資格は、法律でこれを定める。但し、人種、信条、性別、社会的身分、門地、教育、財産又は収入によつて差別してはならない。

第四五条　[衆議院議員の任期] 衆議院議員の任期は、四年とする。但し、衆議院解散の場合には、その期間満了前に終了する。

第四六条　[参議院議員の任期] 参議院議員の任期は、六年とし、三年ごとに議員の半数を改選する。

Article 44. The qualifications of members of both Houses and their electors shall be fixed by law. However, there shall be no discrimination because of race, creed, sex, social status, family origin, education, property or income.

Article 45. The term of office of members of the House of Representatives shall be four years. However, the term shall be terminated before the full term is up in case the House of Representatives is dissolved.

Article 46. The term of office of members of the House of Councillors shall be six years, and election for half the members shall take place every three years.

選挙人(せんきょにん)　選挙権をもっている者。
門地(もんち)　家がら。
期間満了(きかんまんりょう)　その職務についている任期が終わること。

第四章　国会

第四七条 [選挙に関する事項] 選挙区、投票の方法その他両議院の議員の選挙に関する事項は、法律でこれを定める。

第四八条 [両議院議員兼職の禁止] 何人も、同時に両議院の議員たることはできない。

第四九条 [議員の歳費] 両議院の議員は、法律の定めるところにより、国庫から相当額の歳費を受ける。

Article 47. Electoral districts, method of voting and other matters pertaining to the method of election of members of both Houses shall be fixed by law.

Article 48. No person shall be permitted to be a member of both Houses simultaneously.

Article 49. Members of both Houses shall receive appropriate annual payment from the national treasury in accordance with law.

国庫（こっこ） ここでは、「国」と同じ意味。
相当額（そうとうがく） 職務にふさわしい金額。
歳費（さいひ） 国が国会議員に支給する1年間の給与。

第四章　国会

第五〇条〔議員の不逮捕特権〕両議院の議員は、法律の定める場合を除いては、国会の会期中逮捕されず、会期前に逮捕された議員は、その議院の要求があれば、会期中これを釈放しなければならない。

第五一条〔議員の発言・表決の無責任〕両議院の議員は、議院で行つた演説、討論又は表決について、院外で責任を問はれない。

第五二条〔常会〕国会の常会は、毎年一回これを召集する。

Article 50. Except in cases provided by law, members of both Houses shall be exempt from apprehension while the Diet is in session, and any members apprehended before the opening of the session shall be freed during the term of the session upon demand of the House.

Article 51. Members of both Houses shall not be held liable outside the House for speeches, debates or votes cast inside the House.

Article 52. An ordinary session of the Diet shall be convoked once per year.

会期（かいき） 国会は常時開かれているわけではなく、常会（52条参照）の場合は原則として150日間、臨時会（53条）や特別会（54条）の場合は、開会にあたってその開かれている期間を決めてから審議にはいる。特別の決議がない場合は、会期中に成立しなかった法案は次の会期に継続しない。

表決（ひょうけつ） 議員個々が議案にたいして賛成・反対の態度を最終的に表明すること。

常会（じょうかい） 通常国会ともよばれる。1月中に召集され会期は150日。

召集（しょうしゅう） 衆参の国会議員にたいして、議会開催のために一定期日以内に国会に集まることを命ずること。天皇が内閣の助言と承認にもとづき詔書（7頁・前文注「詔勅」参照）の形でおこなう。

第四章　国会

第五三条 [臨時会] 内閣は、国会の臨時会の召集を決定することができる。いづれかの議院の総議員の四分の一以上の要求があれば、内閣は、その召集を決定しなければならない。

Article 53. The Cabinet may determine to convoke extraordinary sessions of the Diet. When a quarter or more of the total members of either House makes the demand, the Cabinet must determine on such convocation.

第四章 国会

第五四条 [衆議院の解散・特別会、参議院の緊急集会]

① 衆議院が解散されたときは、解散の日から四十日以内に、衆議院議員の総選挙を行ひ、その選挙の日から三十日以内に、国会を召集しなければならない。

② 衆議院が解散されたときは、参議院は、同時に閉会となる。但し、内閣は、国に緊急の必要があるときは、参議院の緊急集会を求めることができる。

③ 前項但書の緊急集会において採られた措置は、臨時のものであつて、次の国会開会の後十日以内に、衆議院の同意がない場合には、その効力を失ふ。

Article 54. When the House of Representatives is dissolved, there must be a general election of members of the House of Representatives within forty(40) days from the date of dissolution, and the Diet must be convoked within thirty (30) days from the date of the election.

When the House of Representatives is dissolved, the House of Councillors is closed at the same time. However, the Cabinet may in time of national emergency convoke the House of Councillors in emergency session.

Measures taken at such session as mentioned in the proviso of the preceding paragraph shall be provisional and shall become null and void unless agreed to by the House of Representatives within a period of ten (10) days after the opening of the next session of the Diet.

総選挙　衆議院議員の任期満了・解散によって定員全員についておこなわれる選挙。

第四章　国会

第五五条 [資格争訟の裁判] 両議院は、各々その議員の資格に関する争訟を裁判する。但し、議員の議席を失はせるには、出席議員の三分の二以上の多数による議決を必要とする。

第五六条 [定足数、表決] ① 両議院は、各々その総議員の三分の一以上の出席がなければ、議事を開き議決することができない。

② 両議院の議事は、この憲法に特別の定のある場合を除いては、出席議員の過半数でこれを決し、可否同数のときは、議長の決するところによる。

Article 55. Each House shall judge disputes related to qualifications of its members. However, in order to deny a seat to any member, it is necessary to pass a resolution by a majority of two-thirds or more of the members present.

Article 56. Business cannot be transacted in either House unless one-third or more of total membership is present.

All matters shall be decided, in each House, by a majority of those present, except as elsewhere provided in the Constitution, and in case of a tie, the presiding officer shall decide the issue.

争訟(そうしょう) 訴訟をおこして争うこと。
可否(かひ) 賛成と反対。

第四章　国会

第五七条［会議の公開、会議録、表決の記載］

① 両議院の会議は、公開とする。但し、出席議員の三分の二以上の多数で議決したときは、秘密会を開くことができる。

② 両議院は、各々その会議の記録を保存し、秘密会の記録の中で特に秘密を要すると認められるもの以外は、これを公表し、且つ一般に頒布しなければならない。

③ 出席議員の五分の一以上の要求があれば、各議員の表決は、これを会議録に記載しなければならない。

Article 57. Deliberation in each House shall be public. However, a secret meeting may be held where a majority of two-thirds or more of those members present passes a resolution therefor.

Each House shall keep a record of proceedings. This record shall be published and given general circulation, excepting such parts of proceedings of secret session as may be deemed to require secrecy.

Upon demand of one-fifth or more of the members present, votes of the members on any matter shall be recorded in the minutes.

頒布(はんぷ)　ひろくいきわたるよう配ること。
表決(ひょうけつ)　議員個々が議案にたいして賛成・反対の態度を最終的に表明すること。
記載(きさい)　書物・書類などに書き記すこと。

第四章　国会

第五八条 [役員の選任、議院規則・懲罰] ① 両議院は、各々その議長その他の役員を選任する。

② 両議院は、各々その会議その他の手続及び内部の規律に関する規則を定め、又、院内の秩序をみだした議員を懲罰することができる。但し、議員を除名するには、出席議員の三分の二以上の多数による議決を必要とする。

Article 58. Each House shall select its own president and other officials.

Each House shall establish its rules pertaining to meetings, proceedings and internal discipline, and may punish members for disorderly conduct. However, in order to expel a member, a majority of two-thirds or more of those members present must pass a resolution thereon.

選任(せんにん)　ある人を選んでその任務につかせること。
懲罰(ちょうばつ)　公務員などの不正または不当な行為にたいして制裁をくわえること。
除名(じょめい)　団体の構成員としての資格をうばうこと。

第四章　国会

第五九条 [法律案の議決、衆議院の優越]

① 法律案は、この憲法に特別の定のある場合を除いては、両議院で可決したとき法律となる。

② 衆議院で可決し、参議院でこれと異なつた議決をした法律案は、衆議院で出席議員の三分の二以上の多数で再び可決したときは、法律となる。

③ 前項の規定は、法律の定めるところにより、衆議院が、両議院の協議会を開くことを求めることを妨げない。

④ 参議院が、衆議院の可決した法律案を受け取つた後、国会休会中の期間を除いて六十日以内に、議決しないときは、衆議院は、参議院がその法律案を否決したものとみなすことができる。

Article 59. A bill becomes a law on passage by both Houses, except as otherwise provided by the Constitution.

A bill which is passed by the House of Representatives, and upon which the House of Councillors makes a decision different from that of the House of Representatives, becomes a law when passed a second time by the House of Representatives by a majority of two-thirds or more of the members present.

The provision of the preceding paragraph does not preclude the House of Representatives from calling for the meeting of a joint committee of both Houses, provided for by law.

Failure by the House of Councillors to take final action within sixty (60) days after receipt of a bill passed by the House of Representatives, time in recess excepted, may be determined by the House of Representatives to constitute a rejection of the said bill by the House of Councillors.

両議院の協議会（両院協議会） 法律案、予算案、条約の批准案、内閣の指名で衆院と参院が異なった議決をおこなったとき、それぞれの議院から10人ずつの代表を選び協議する。法律案の場合以外は、かならず開かなければならない。

第四章　国会

第六〇条[衆議院の予算先議、予算議決に関する衆議院の優越] ①　予算は、さきに衆議院に提出しなければならない。
②　予算について、参議院で衆議院と異なつた議決をした場合に、法律の定めるところにより、両議院の協議会を開いても意見が一致しないとき、又は参議院が、衆議院の可決した予算を受け取つた後、国会休会中の期間を除いて三十日以内に、議決しないときは、衆議院の議決を国会の議決とする。

第六一条[条約の承認に関する衆議院の優越] 条約の締結に必要な国会の承認については、前条第二項の規定を準用する。

Article 60. The budget must first be submitted to the House of Representatives.

Upon consideration of the budget, when the House of Councillors makes a decision different from that of the House of Representatives, and when no agreement can be reached even through a joint committee of both Houses, provided for by law, or in the case of failure by the House of Councillors to take final action within thirty (30) days, the period of recess excluded, after the receipt of the budget passed by the House of Representatives, the decision of the House of Representatives shall be the decision of the Diet.

Article 61. The second paragraph of the preceding article applies also to the Diet approval required for the conclusion of treaties.

準 用　ある事項に関する規定を、必要な修正をして
　　　他の類似する事項に適用すること。

第四章　国会

第六二条［議院の国政調査権］両議院は、各〻国政に関する調査を行ひ、これに関して、証人の出頭及び証言並びに記録の提出を要求することができる。

第六三条［閣僚の議院出席の権利と義務］内閣総理大臣その他の国務大臣は、両議院の一に議席を有すると有しないとにかかはらず、何時でも議案について発言するため議院に出席することができる。又、答弁又は説明のため出席を求められたときは、出席しなければならない。

Article 62. Each House may conduct investigations in relation to government, and may demand the presence and testimony of witnesses, and the production of records.

Article 63. The Prime Minister and other Ministers of State may, at any time, appear in either House for the purpose of speaking on bills, regardless of whether they are members of the House or not. They must appear when their presence is required in order to give answers or explanations.

第四章　国会

第六四条[弾劾裁判所] ① 国会は、罷免の訴追を受けた裁判官を裁判するため、両議院の議員で組織する弾劾裁判所を設ける。
② 弾劾に関する事項は、法律でこれを定める。

Article 64. The Diet shall set up an impeachment court from among the members of both Houses for the purpose of trying those judges against whom removal proceedings have been instituted.

Matters relating to impeachment shall be provided by law.

訴追（そつい） 検察官が刑事事件について裁判所の判断を求める場合にもつかわれるが、この場合には、弾劾の申し立てをして裁判官の罷免を求めること。

弾劾（だんがい） 罪状を調べあばくこと。公務員の罷免手続きの一つ。

第5章 内閣
Chapter.5 The Cabinet

第五章　内閣

第六五条 [行政権] 行政権は、内閣に属する。

第六六条 [内閣の組織、国会に対する連帯責任] ① 内閣は、法律の定めるところにより、その首長たる内閣総理大臣及びその他の国務大臣でこれを組織する。
② 内閣総理大臣その他の国務大臣は、文民でなければならない。
③ 内閣は、行政権の行使について、国会に対し連帯して責任を負ふ。

Article 65. Executive power shall be vested in the Cabinet.

Article 66. The Cabinet shall consist of the Prime Minister, who shall be its head, and other Ministers of State, as provided for by law.

The Prime Minister and other Ministers of State must be civilians.

The Cabinet, in the exercise of executive power, shall be collectively responsible to the Diet.

行政(ぎょうせい) 内閣以下の国の機関または公共団体が、法律・政令その他の法規の範囲内でおこなう政務。
首長(しゅちょう) その機関の意思を一人で決定する権限をもつ長官。
文民(ぶんみん) 職業軍人の経歴をもたないもの。
連帯(れんたい) 二人以上の者が共同してことにあたり、結果にたいして責任をもつこと。

第五章　内閣

第六七条〔内閣総理大臣の指名、衆議院の優越〕 ①　内閣総理大臣は、国会議員の中から国会の議決で、これを指名する。この指名は、他のすべての案件に先だつて、これを行ふ。

②　衆議院と参議院とが異なつた指名の議決をした場合に、法律の定めるところにより、両議院の協議会を開いても意見が一致しないとき、又は衆議院が指名の議決をした後、国会休会中の期間を除いて十日以内に、参議院が、指名の議決をしないときは、衆議院の議決を国会の議決とする。

Article 67. The Prime Minister shall be designated from among the members of the Diet by a resolution of the Diet. This designation shall precede all other business.

If the House of Representatives and the House of Councillors disagree and if no agreement can be reached even through a joint committee of both Houses, provided for by law, or the House of Councillors fails to make designation within ten (10) days, exclusive of the period of recess, after the House of Representatives has made designation, the decision of the House of Representatives shall be the decision of the Diet.

指名（しめい） 公職の適任者を選ぶこと、任命権者は別にいる。

案件（あんけん） 処理されるべきことがら。

両議院の協議会（りょうぎいん きょうぎかい）（両院協議会 りょういんきょうぎかい） 法律案、予算案、条約の批准案、内閣の指名で衆院と参院が異なった議決をおこなったとき、それぞれの議院で10人ずつの代表を選び協議する。法律案の場合以外は、かならず開かなければならない。

第五章　内閣

第六八条 [国務大臣の任命及び罷免] ① 内閣総理大臣は、国務大臣を任命する。但し、その過半数は、国会議員の中から選ばれなければならない。
② 内閣総理大臣は、任意に国務大臣を罷免することができる。

第六九条 [内閣不信任決議の効果] 内閣は、衆議院で不信任の決議案を可決し、又は信任の決議案を否決したときは、十日以内に衆議院が解散されない限り、総辞職をしなければならない。

Article 68. The Prime Minister shall appoint the Ministers of State. However, a majority of their number must be chosen from among the members of the Diet.

The Prime Minister may remove the Ministers of State as he chooses.

Article 69. If the House of Representatives passes a non-confidence resolution, or rejects a confidence resolution, the Cabinet shall resign en masse, unless the House of Representatives is dissolved within ten (10) days.

罷免(ひめん)　職務をやめさせること。
信任(しんにん)　信じて事をまかせること。
総辞職(そうじしょく)　全員が辞職すること。

第五章　内閣

第七〇条［内閣総理大臣の欠缺・新国会の召集と内閣の総辞職］内閣総理大臣が欠けたとき、又は衆議院議員総選挙の後に初めて国会の召集があつたときは、内閣は、総辞職をしなければならない。

第七一条［総辞職後の内閣］前二条の場合には、内閣は、あらたに内閣総理大臣が任命されるまで引き続きその職務を行ふ。

第七二条［内閣総理大臣の職務］内閣総理大臣は、内閣を代表して議案を国会に提出し、一般国務及び外交関係について国会に報告し、並びに行政各部

Article 70. When there is a vacancy in the post of Prime Minister, or upon the first convocation of the Diet after a general election of members of the House of Representatives, the Cabinet shall resign en masse.

Article 71. In the cases mentioned in the two preceding articles, the Cabinet shall continue its functions until the time when a new Prime Minister is appointed.

Article 72. The Prime Minister, representing the Cabinet, submits bills, reports on general national affairs and foreign relations to the Diet and exercises control and supervision over various administrative branches.

欠缺(けんけつ)　欠けていること。
召 集(しょうしゅう)　衆参の国会議員にたいして、議会開会のために一定期日以内に国会に集まることを命ずること。天皇が内閣の助言と承認にもとづき詔書（7頁・前文注「詔勅」参照）の形でおこなう。

第五章　内閣

を指揮監督する。

第七三条 [内閣の職務] 内閣は、他の一般行政事務の外、左の事務を行ふ。

一　法律を誠実に執行し、国務を総理すること。

二　外交関係を処理すること。

三　条約を締結すること。但し、事前に、時宜によつては事後に、国会の承認を経ることを必要とする。

四　法律の定める基準に従ひ、官吏に関する事務を掌理すること。

五　予算を作成して国会に提出すること。

六　この憲法及び法律の規定を実施するために、政令を制定すること。但

Article 73. The Cabinet, in addition to other general administrative functions, shall perform the following functions:

Administer the law faithfully; conduct affairs of state.

Manage foreign affairs.

Conclude treaties. However, it shall obtain prior or, depending on circumstances, subsequent approval of the Diet.

Administer the civil service, in accordance with standards established by law.

Prepare the budget, and present it to the Diet.

Enact cabinet orders in order to execute the provisions of this Constitution and of the law. However, it cannot include penal provisions in such cabinet orders unless authorized by such law.

Decide on general amnesty, special amnesty, commutation of punishment, reprieve, and restoration of rights.

総理（そうり） 事務を統一して管理すること。
時宜（じぎ） 時のちょうどよいこと、またその判断。
掌理（しょうり） 取り扱って処理すること。
政令（せいれい） 憲法や法律を実施するために内閣が制定する命令。法律の実施のために必要な細則を定める性質をもつ執行命令と、法律の委任にもとづいて定める委任命令がある。

第五章　内閣

し、政令には、特にその法律の委任がある場合を除いては、罰則を設けることができない。
七　大赦、特赦、減刑、刑の執行の免除及び復権を決定すること。

第七四条 [法律・政令の署名] 法律及び政令には、すべて主任の国務大臣が署名し、内閣総理大臣が連署することを必要とする。

第七五条 [国務大臣の特典] 国務大臣は、その在任中、内閣総理大臣の同意がなければ、訴追されない。但し、これがため、訴追の権利は、害されない。

Article 74. All laws and cabinet orders shall be signed by the competent Minister of State and countersigned by the Prime Minister.

Article 75. The Ministers of State, during their tenure of office, shall not be subject to legal action without the consent of the Prime Minister. However, the right to take that action is not impaired hereby.

大赦・特赦(たいしゃ・とくしゃ)　判決ずみの特定の罪についてその判決の効果を失わせ、判決前であれば訴えを取り下げる(大赦)。特定の者への有罪判決の効力を失わせる(特赦)。

連署(れんしょ)　一つの文書に二人以上のものが署名すること。

訴追(そつい)　検察官が刑事事件について裁判所の判断を求めること。

第6章 司法
Chapter.6 Judiciary

第六章　司法

第七六条 [司法権・裁判所、特別裁判所の禁止、裁判官の独立] ①　すべて司法権は、最高裁判所及び法律の定めるところにより設置する下級裁判所に属する。
②　特別裁判所は、これを設置することができない。行政機関は、終審として裁判を行ふことができない。
③　すべて裁判官は、その良心に従ひ独立してその職権を行ひ、この憲法及び法律にのみ拘束される。

Article 76. The whole judicial power is vested in a Supreme Court and in such inferior courts as are established by law.

No extraordinary tribunal shall be established, nor shall any organ or agency of the Executive be given final judicial power.

All judges shall be independent in the exercise of their conscience and shall be bound only by this Constitution and the laws.

司法 具体的な個々の事件の争訟を解決するために法規をその事件に適用して、合憲(法)・違憲(法)や権利関係を確定・宣言する国の作用。

下級裁判所 高等裁判所、地方裁判所、家庭裁判所、簡易裁判所をいう。

特別裁判所 特定の身分の人、または特種の事件だけを裁判する裁判所。旧憲法下では、皇室裁判所、軍法会議、行政裁判所があった。

終審 それ以上は上訴できない最終の裁判所の審理。

第六章　司法

第七七条 [最高裁判所の規則制定権] ① 最高裁判所は、訴訟に関する手続、弁護士、裁判所の内部規律及び司法事務処理に関する事項について、規則を定める権限を有する。
② 検察官は、最高裁判所の定める規則に従はなければならない。
③ 最高裁判所は、下級裁判所に関する規則を定める権限を、下級裁判所に委任することができる。

Article 77. The Supreme Court is vested with the rule-making power under which it determines the rules of procedure and of practice, and of matters relating to attorneys, the internal discipline of the courts and the administration of judicial affairs.

Public procurators shall be subject to the rule-making power of the Supreme Court.

The Supreme Court may delegate the power to make rules for inferior courts to such courts.

訴訟 法律の適用によって原告・被告のあいだの権利・義務や法律関係を確定するために、裁判所が対立する当事者を関与させておこなう手続き。

第六章　司法

第七八条[裁判官の身分の保障]裁判官は、裁判により、心身の故障のために職務を執ることができないと決定された場合を除いては、公の弾劾によらなければ罷免されない。裁判官の懲戒処分は、行政機関がこれを行ふことはできない。

Article 78. Judges shall not be removed except by public impeachment unless judicially declared mentally or physically incompetent to perform official duties. No disciplinary action against judges shall be administered by any executive organ or agency.

弾劾(だんがい) 罪状を調べあばくこと。公務員の罷免手続きの一つ。

罷免(ひめん) 職務をやめさせること。

懲戒処分(ちょうかいしょぶん) 不正または不当な行為に制裁をくわえること。裁判官の場合には戒告・過料（罰金）など。

第六章　司法

第七九条 [最高裁判所の裁判官、国民審査、定年、報酬]

① 最高裁判所は、その長たる裁判官及び法律の定める員数のその他の裁判官でこれを構成し、その長たる裁判官以外の裁判官は、内閣でこれを任命する。

② 最高裁判所の裁判官の任命は、その任命後初めて行はれる衆議院議員総選挙の際国民の審査に付し、その後十年を経過した後初めて行はれる衆議院議員総選挙の際更に審査に付し、その後も同様とする。

③ 前項の場合において、投票者の多数が裁判官の罷免を可とするときは、その裁判官は、罷免される。

④ 審査に関する事項は、法律でこれを

Article 79. The Supreme Court shall consist of a Chief Judge and such number of judges as may be determined by law; all such judges excepting the Chief Judge shall be appointed by the Cabinet.

The appointment of the judges of the Supreme Court shall be reviewed by the people at the first general election of members of the House of Representatives following their appointment, and shall be reviewed again at the first general election of members of the House of Representatives after a lapse of ten (10) years, and in the same manner thereafter.

In cases mentioned in the foregoing paragraph, when the majority of the voters favors the dismissal of a judge, he shall be dismissed.

Matters pertaining to review shall be prescribed by law.

The judges of the Supreme Court shall be retired upon the attainment of the age as fixed by law.

All such judges shall receive, at regular stated intervals, adequate compensation which shall not be decreased during their terms of office.

国民審査(こくみんしんさ) 国民が直接に国家行為について審査する制度。

第六章　司法

定める。
⑤　最高裁判所の裁判官は、法律の定める年齢に達した時に退官する。
⑥　最高裁判所の裁判官は、すべて定期に相当額の報酬を受ける。この報酬は、在任中、これを減額することができない。

第八〇条［下級裁判所の裁判官・任期・定年、報酬］

①　下級裁判所の裁判官は、最高裁判所の指名した者の名簿によつて、内閣でこれを任命する。その裁判官は、任期を十年とし、再任されることができる。但し、法律の定める年齢に達した時には退官する。
②　下級裁判所の裁判官は、すべて定

Article 80. The judges of the inferior courts shall be appointed by the Cabinet from a list of persons nominated by the Supreme Court. All such judges shall hold office for a term of ten (10) years with privilege of reappointment, provided that they shall be retired upon the attainment of the age as fixed by law.

The judges of the inferior courts shall receive, at regular stated intervals, adequate compensation which shall not be decreased during their terms of office.

相当額（そうとうがく）　職務にふさわしい金額。

第六章　司法

期に相当額の報酬を受ける。この報酬は、在任中、これを減額することができない。

第八一条［法令審査権と最高裁判所］最高裁判所は、一切の法律、命令、規則又は処分が憲法に適合するかしないかを決定する権限を有する終審裁判所である。

Article 81. The Supreme Court is the court of last resort with power to determine the constitutionality of any law, order, regulation or official act.

終審(しゅうしん) それ以上は上訴できない最終の裁判所の審理。

第六章　司法

第八二条 [裁判の公開] ①　裁判の対審及び判決は、公開法廷でこれを行ふ。
②　裁判所が、裁判官の全員一致で、公の秩序又は善良の風俗を害する虞があると決した場合には、対審は、公開しないでこれを行ふことができる。但し、政治犯罪、出版に関する犯罪又はこの憲法第三章で保障する国民の権利が問題となつてゐる事件の対審は、常にこれを公開しなければならない。

Article 82. Trials shall be conducted and judgment declared publicly.

Where a court unanimously determines publicity to be dangerous to public order or morals, a trial may be conducted privately, but trials of political offenses, offenses involving the press or cases wherein the rights of people as guaranteed in Chapter III of this Constitution are in question shall always be conducted publicly.

対審（たいしん）　訴訟の当事者を対立させておこなう審理。
公開法廷（こうかいほうてい）　訴訟関係者以外の一般国民が傍聴・報道できる状態でおこなわれる裁判。

第7章 財政

Chapter.7 Finance

第七章　財政

第八三条 [財政処理の基本原則] 国の財政を処理する権限は、国会の議決に基いて、これを行使しなければならない。

第八四条 [課税] あらたに租税を課し、又は現行の租税を変更するには、法律又は法律の定める条件によることを必要とする。

第八五条 [国費の支出及び国の債務負担] 国費を支出し、又は国が債務を負担するには、国会の議決に基くことを必要とする。

Article 83. The power to administer national finances shall be exercised as the Diet shall determine.

Article 84. No new taxes shall be imposed or existing ones modified except by law or under such conditions as law may prescribe.

Article 85. No money shall be expended, nor shall the State obligate itself, except as authorized by the Diet.

租税(そぜい)　国または地方公共団体が、その一般の経費にあてるために国民から強制的に徴収する税金。

債務(さいむ)　金銭を払ったり物をわたしたりする法律上の義務。

第七章　財政

第八六条 [予算] 内閣は、毎会計年度の予算を作成し、国会に提出して、その審議を受け議決を経なければならない。

第八七条 [予備費] ①　予見し難い予算の不足に充てるため、国会の議決に基いて予備費を設け、内閣の責任でこれを支出することができる。
②　すべて予備費の支出については、内閣は、事後に国会の承諾を得なければならない。

Article 86. The Cabinet shall prepare and submit to the Diet for its consideration and decision a budget for each fiscal year.

Article 87. In order to provide for unforeseen deficiencies in the budget, a reserve fund may be authorized by the Diet to be expended upon the responsibility of the Cabinet.

The Cabinet must get subsequent approval of the Diet for all payments from the reserve fund.

会計年度 国および地方公共団体の収入、支出を区分整理し、その関係を明らかにするために設けられた期間。日本の場合は4月1日から翌年3月31日まで。

第七章　財政

第八八条 [皇室財産・皇室の費用] すべて皇室財産は、国に属する。すべて皇室の費用は、予算に計上して国会の議決を経なければならない。

第八九条 [公の財産の支出又は利用の制限] 公金その他の公の財産は、宗教上の組織若しくは団体の使用、便益若しくは維持のため、又は公の支配に属しない慈善、教育若しくは博愛の事業に対し、これを支出し、又はその利用に供してはならない。

Article 88. All property of the Imperial Household shall belong to the State. All expenses of the Imperial Household shall be appropriated by the Diet in the budget.

Article 89. No public money or other property shall be expended or appropriated for the use, benefit or maintenance of any religious institution or association, or for any charitable, educational or benevolent enterprises not under the control of public authority.

皇室財産　国において皇室の用に供するものと決定した財産。皇居、陵墓、離宮、正倉院などが含まれる。ただし、純然たる皇室の私産とみなされる生活必需品、日常愛用の美術品などとともに、皇位の継承とともに引き継がれる三種の神器は除くとされる。

便益　つごうがよく利益があること。

慈善　不幸・災害にあって困っている人などを援助すること。

博愛　ひろく人びとを愛すること。

第七章　財政

第九〇条［決算検査、会計検査院］ ①　国の収入支出の決算は、すべて毎年会計検査院がこれを検査し、内閣は、次の年度に、その検査報告とともに、これを国会に提出しなければならない。
②　会計検査院の組織及び権限は、法律でこれを定める。

第九一条［財政状況の報告］ 内閣は、国会及び国民に対し、定期に、少くとも毎年一回、国の財政状況について報告しなければならない。

Article 90. Final accounts of the expenditures and revenues of the State shall be audited annually by a Board of Audit and submitted by the Cabinet to the Diet, together with the statement of audit, during the fiscal year immediately following the period covered.

The organization and competency of the Board of Audit shall be determined by law.

Article 91. At regular intervals and at least annually the Cabinet shall report to the Diet and the people on the state of national finances.

第8章 地方自治

Chapter.8 Local Self-Government

第八章　地方自治

第九二条 [地方自治の基本原則] 地方公共団体の組織及び運営に関する事項は、地方自治の本旨に基いて、法律でこれを定める。

第九三条 [地方公共団体の機関、その直接選挙] ①　地方公共団体には、法律の定めるところにより、その議事機関として議会を設置する。
②　地方公共団体の長、その議会の議員及び法律の定めるその他の吏員は、その地方公共団体の住民が、直接これを選挙する。

Article 92. Regulations concerning organization and operations of local public entities shall be fixed by law in accordance with the principle of local autonomy.

Article 93. The local public entities shall establish assemblies as their deliberative organs, in accordance with law.

The chief executive officers of all local public entities, the members of their assemblies, and such other local officials as may be determined by law shall be elected by direct popular vote within their several communities.

地方公共団体 都道府県や市町村のように、一定の地域を基盤として構成され、その地域のすべての住民を構成員とし、その地域内で一定の自治権を行使することを認められた法人。

地方自治の本旨 地方自治の制度を設けることの目的・趣旨。具体的には、地方にのみ関わる政治と行政は、国から独立した地方自治体の権限と責任とし(「団体自治」)、それぞれの自治体の住民の意思にもとづいて処理される(「住民自治」)ことを意味する。

第八章　地方自治

第九四条 [地方公共団体の権能] 地方公共団体は、その財産を管理し、事務を処理し、及び行政を執行する権能を有し、法律の範囲内で条例を制定することができる。

第九五条 [特別法の住民投票] 一の地方公共団体のみに適用される特別法は、法律の定めるところにより、その地方公共団体の住民の投票においてその過半数の同意を得なければ、国会は、これを制定することができない。

Article 94. Local public entities shall have the right to manage their property, affairs and administration and to enact their own regulations within law.

Article 95. A special law, applicable only to one local public entity, cannot be enacted by the Diet without the consent of the majority of the voters of the local public entity concerned, obtained in accordance with law.

条例（じょうれい）　地方自治体が議会の決議によって制定する法。

第9章 改正(かいせい)

Chapter.9 Amendments

第九章　改正

第九六条 [改正の手続、その公布] ① この憲法の改正は、各議院の総議員の三分の二以上の賛成で、国会が、これを発議し、国民に提案してその承認を経なければならない。この承認には、特別の国民投票又は国会の定める選挙の際行はれる投票において、その過半数の賛成を必要とする。
② 憲法改正について前項の承認を経たときは、天皇は、国民の名で、この憲法と一体を成すものとして、直ちにこれを公布する。

Article 96. Amendments to this Constitution shall be initiated by the Diet, through a concurring vote of two-thirds or more of all the members of each House and shall thereupon be submitted to the people for ratification, which shall require the affirmative vote of a majority of all votes cast thereon, at a special referendum or at such election as the Diet shall specify.

Amendments when so ratified shall immediately be promulgated by the Emperor in the name of the people, as an integral part of this Constitution.

発議(はつぎ) 議員から一定の事項について議事の開始を求めること。
公布(こうふ) 成立した法律、政令、条約などを発表し、国民にひろく知らせること。

第10章 最高法規
Chapter.10 Supreme Law

第十章　最高法規

第九七条〔基本的人権の本質〕 この憲法が日本国民に保障する基本的人権は、人類の多年にわたる自由獲得の努力の成果であつて、これらの権利は、過去幾多の試錬に堪へ、現在及び将来の国民に対し、侵すことのできない永久の権利として信託されたものである。

第九八条〔最高法規、条約及び国際法規の遵守〕 ① この憲法は、国の最高法規であつて、その条規に反する法律、命令、詔勅及び国務に関するその他の行為の全部又は一部は、その効力を有しない。
② 日本国が締結した条約及び確立された国際法規は、これを誠実に遵守

Article 97. The fundamental human rights by this Constitution guaranteed to the people of Japan are fruits of the age-old struggle of man to be free; they have survived the many exacting tests for durability and are conferred upon this and future generations in trust, to be held for all time inviolate.

Article 98. This Constitution shall be the supreme law of the nation and no law, ordinance, imperial rescript or other act of government, or part thereof, contrary to the provisions hereof, shall have legal force or validity.

The treaties concluded by Japan and established laws of nations shall be faithfully observed.

基本的人権 国家・政府によっても制限することができないとされる個々の人間に固有の自由や権利。
信託 ここでは、過去の人類から信頼し、ゆだねられたことの意味。
最高法規 国内法には、法律・政令・省令・最高裁判所規則、地方自治体の条例などいろいろなものがあるが、それらに比べてもっとも基礎となり、優越的な効力をもつということ。
条規 条文の規定。
国際法規 国家間の合意にもとづいて国家間の関係を規定する法規。

第十章　最高法規

することを必要とする。

第九九条 [憲法尊重擁護の義務] 天皇又は摂政及び国務大臣、国会議員、裁判官その他の公務員は、この憲法を尊重し擁護する義務を負ふ。

Article 99. The Emperor or the Regent as well as Ministers of State, members of the Diet, judges, and all other public officials have the obligation to respect and uphold this Constitution.

摂政(せっしょう) 天皇が憲法に定められた行為をおこなえないとき(天皇が18歳以下、もしくは精神や身体の病気、重大な事故のときなど)、天皇に代わってその行為をおこなうもの。

第十一章　補則

第一〇〇条［憲法施行期日、準備手続］

① この憲法は、公布の日から起算して六箇月を経過した日（昭和二二・五・三）から、これを施行する。

② この憲法を施行するために必要な法律の制定、参議院議員の選挙及び国会召集の手続並びにこの憲法を施行するために必要な準備手続は、前項の期日よりも前に、これを行ふことができる。

Chapter 11. Supplementary Provisions

Article 100. This Constitution shall be enforced as from the day when the period of six months will have elapsed counting from the day of its promulgation.

The enactment of laws necessary for the enforcement of this Constitution, the election of members of the House of Councillors and the procedure for the convocation of the Diet and other preparatory procedures for the enforcement of this Constitution may be executed before the day prescribed in the preceding paragraph.

公布(こうふ) 成立した法律、政令、条約などを発表し、国民にひろく知らせること。
起算(きさん) ある時点を起点に、そこから数えはじめること。
施行(しこう) 法令の効力を発生させること。

第十一章　補則

第一〇一条 ［経過規定―参議院未成立の間の国会］

この憲法施行の際、参議院がまだ成立してゐないときは、その成立するまでの間、衆議院は、国会としての権限を行ふ。

第一〇二条 ［同前―第一期参議院議員の任期］

この憲法による第一期の参議院議員のうち、その半数の者の任期は、これを三年とする。その議員は、法律の定めるところにより、これを定める。

Article 101. If the House of Councillors is not constituted before the effective date of this Constitution, the House of Representatives shall function as the Diet until such time as the House of Councillors shall be constituted.

Article 102. The term of office for half the members of the House of Councillors serving in the first term under this Constitution shall be three years. Members falling under this category shall be determined in accordance with law.

第十一章　補則

第一〇三条 [同前―公務員の地位] この憲法施行の際現に在職する国務大臣、衆議院議員及び裁判官並びにその他の公務員で、その地位に相応する地位がこの憲法で認められてゐる者は、法律で特別の定をした場合を除いては、この憲法施行のため、当然にはその地位を失ふことはない。但し、この憲法によつて、後任者が選挙又は任命されたときは、当然その地位を失ふ。

Article 103. The Ministers of State, members of the House of Representatives, and judges in office on the effective date of this Constitution, and all other public officials, who occupy positions corresponding to such positions as are recognized by this Constitution shall not forfeit their positions automatically on account of the enforcement of this Constitution unless otherwise specified by law. When, however, successors are elected or appointed under the provisions of this Constitution, they shall forfeit their positions as a matter of course.

大日本帝国憲法

告文

皇朕レ謹ミ畏ミ

皇祖

皇宗ノ神霊ニ誥ケ白サク皇朕レ天壌無窮ノ宏謨ニ循ヒ惟神ノ宝祚ヲ承継シ旧図ヲ保持シテ敢テ失墜スルコト無シ顧ミルニ世局ノ進運ニ膺リ人文ノ発達ニ随ヒ宜ク

皇祖

皇宗ノ遺訓ヲ明徴ニシ典憲ヲ成立シ条章ヲ昭示シ内ハ以テ子孫ノ率由スル所卜為シ外ハ以テ臣民翼賛ノ道ヲ広メ永遠ニ遵行セシメ益〻国家ノ丕基ヲ鞏固ニシ八洲民生ノ慶福ヲ増進スヘシ茲ニ皇室典範及憲法ヲ制定ス惟フニ此レ皆

皇祖

皇宗ノ後裔ニ貽シタマヘル統治ノ洪範ヲ紹述スルニ外ナラス而シテ朕カ躬ニ逮テ時ト俱ニ挙行スルコトヲ得ルハ洵ニ

皇祖

皇宗及我カ

皇考ノ威霊ニ倚藉スルニ由ラサルハ無シ皇朕レ仰テ

皇祖

皇宗及

皇考ノ神祐ヲ禱リ併セテ朕カ現在及将来ニ臣民ニ率先シ此ノ

憲章ヲ履行シテ愆ラサラムコトヲ誓フ庶幾クハ
神霊此レヲ鑒ミタマヘ

憲法発布勅語

朕国家ノ隆昌ト臣民ノ慶福トヲ以テ中心ノ欣栄トシ朕カ祖宗ニ承クルノ大権ニ依リ現在及将来ノ臣民ニ対シ此ノ不磨ノ大典ヲ宣布ス

惟フニ我カ祖我カ宗ハ我カ臣民祖先ノ協力輔翼ニ倚リ我カ帝国ヲ肇造シ以テ無窮ニ垂レタリ此レ我カ神聖ナル祖宗ノ威徳ト並ニ臣民ノ忠実勇武ニシテ国ヲ愛シ公ニ殉ヒ以テ此ノ光輝アル国史ノ成跡ヲ貽シタルナリ朕我カ臣民ハ即チ祖宗ノ忠良ナル臣民ノ子孫ナルヲ回想シ其ノ朕カ意ヲ奉体シ朕カ事ヲ奨順シ相与ニ和衷協同シ益々我カ帝国ノ光栄ヲ中外ニ宣揚シ祖宗ノ遺業ヲ永久ニ鞏固ナラシムルノ希望ヲ同クシ此ノ負担ヲ分ツニ堪フルコトヲ疑ハサルナリ

朕祖宗ノ遺烈ヲ承ケ万世一系ノ帝位ヲ践ミ朕カ親愛スル所ノ臣民ハ即チ朕カ祖宗ノ恵撫慈養シタマヒシ所ノ臣民ナルヲ念ヒ其ノ康福ヲ増進シ其ノ懿徳良能ヲ発達セシメムコトヲ願ヒ又其ノ翼賛ニ依リ与ニ倶ニ国家ノ進運ヲ扶持セムコトヲ望ミ乃チ明治十四年十月十二日ノ詔命ヲ履践シ茲ニ大憲ヲ制定シ

朕カ率由スル所ヲ示シ朕カ後嗣及臣民及臣民ノ子孫タル者ヲシテ永遠ニ循行スル所ヲ知ラシム

国家統治ノ大権ハ朕カ之ヲ祖宗ニ承ケテ之ヲ子孫ニ伝フル所ナリ朕及朕カ子孫ハ将来此ノ憲法ノ条章ニ循ヒ之ヲ行フコトヲ愆ラサルヘシ

朕ハ我カ臣民ノ権利及財産ノ安全ヲ貴重シ及之ヲ保護シ此ノ憲法及法律ノ範囲内ニ於テ其ノ享有ヲ完全ナラシムヘキコトヲ宣言ス

帝国議会ハ明治二十三年ヲ以テ之ヲ召集シ議会開会ノ時（明治二三・一一・二九）ヲ以テ此ノ憲法ヲシテ有効ナラシムルノ期トスヘシ

将来若此ノ憲法ノ或ル条章ヲ改定スルノ必要ナル時宜ヲ見ルニ至ラハ朕及朕カ継統ノ子孫ハ発議ノ権ヲ執リ之ヲ議会ニ付シ議会ハ此ノ憲法ニ定メタル要件ニ依リ之ヲ議決スルノ外朕カ子孫及臣民ハ敢テ之カ紛更ヲ試ミルコトヲ得サルヘシ

朕カ在廷ノ大臣ハ朕カ為ニ此ノ憲法ヲ施行スルノ責ニ任スヘク朕カ現在及将来ノ臣民ハ此ノ憲法ニ対シ永遠ニ従順ノ義務ヲ負フヘシ

御名御璽

　明治二十二年二月十一日

　　内閣総理大臣　伯爵　黒田清隆

　　枢密院議長　　伯爵　伊藤博文

　　外　務　大　臣　伯爵　大隈重信

　　海　軍　大　臣　伯爵　西郷従道

　　農商務大臣　　伯爵　井上　馨

　　司　法　大　臣　伯爵　山田顕義

　　大　蔵　大　臣
　　兼内務大臣　　伯爵　松方正義

　　陸　軍　大　臣　伯爵　大山　巌

　　文　部　大　臣　子爵　森　有礼

　　逓　信　大　臣　子爵　榎本武揚

大日本帝国憲法

第一章　天皇

第一条　大日本帝国ハ万世一系ノ天皇之ヲ統治ス

第二条　皇位ハ皇室典範ノ定ムル所ニ依リ皇男子孫之ヲ継承ス

第三条　天皇ハ神聖ニシテ侵スヘカラス

第四条　天皇ハ国ノ元首ニシテ統治権ヲ総攬シ此ノ憲法ノ条規ニ依リ之ヲ行フ

第五条　天皇ハ帝国議会ノ協賛ヲ以テ立法権ヲ行フ

第六条　天皇ハ法律ヲ裁可シ其ノ公布及執行ヲ命ス

第七条　天皇ハ帝国議会ヲ召集シ其ノ開会閉会停会及衆議院ノ解散ヲ命ス

第八条①天皇ハ公共ノ安全ヲ保持シ又ハ其ノ災厄ヲ避クル為緊急ノ必要ニ由リ帝国議会閉会ノ場合ニ於テ法律ニ代ルヘキ勅令ヲ発ス

②此ノ勅令ハ次ノ会期ニ於テ帝国議会ニ提出スヘシ若議会ニ於テ承諾セサルトキハ政府ハ将来ニ向テ其ノ効力ヲ失フコトヲ公布スヘシ

第九条　天皇ハ法律ヲ執行スル為ニ又ハ公共ノ安寧秩序ヲ保

持シ及臣民ノ幸福ヲ増進スル為ニ必要ナル命令ヲ発シ又ハ発セシム但シ命令ヲ以テ法律ヲ変更スルコトヲ得ス

第一〇条　天皇ハ行政各部ノ官制及文武官ノ俸給ヲ定メ及文武官ヲ任免ス但シ此ノ憲法又ハ他ノ法律ニ特例ヲ掲ケタルモノハ各ミ其ノ条項ニ依ル

第一一条　天皇ハ陸海軍ヲ統帥ス

第一二条　天皇ハ陸海軍ノ編制及常備兵額ヲ定ム

第一三条　天皇ハ戦ヲ宣シ和ヲ講シ及諸般ノ条約ヲ締結ス

第一四条①天皇ハ戒厳ヲ宣告ス

②戒厳ノ要件及効力ハ法律ヲ以テ之ヲ定ム

第一五条　天皇ハ爵位勲章及其ノ他ノ栄典ヲ授与ス

第一六条　天皇ハ大赦特赦減刑及復権ヲ命ス

第一七条①摂政ヲ置クハ皇室典範ノ定ムル所ニ依ル

②摂政ハ天皇ノ名ニ於テ大権ヲ行フ

第二章　臣民権利義務

第一八条　日本臣民タルノ要件ハ法律ノ定ムル所ニ依ル

第一九条　日本臣民ハ法律命令ノ定ムル所ノ資格ニ応シ均ク文武官ニ任セラレ及其ノ他ノ公務ニ就クコトヲ得

第二〇条　日本臣民ハ法律ノ定ムル所ニ従ヒ兵役ノ義務ヲ有

ス

第二一条　日本臣民ハ法律ノ定ムル所ニ従ヒ納税ノ義務ヲ有ス

第二二条　日本臣民ハ法律ノ範囲内ニ於テ居住及移転ノ自由ヲ有ス

第二三条　日本臣民ハ法律ニ依ルニ非スシテ逮捕監禁審問処罰ヲ受クルコトナシ

第二四条　日本臣民ハ法律ニ定メタル裁判官ノ裁判ヲ受クルノ権ヲ奪ハル、コトナシ

第二五条　日本臣民ハ法律ニ定メタル場合ヲ除ク外其ノ許諾ナクシテ住所ニ侵入セラレ及捜索セラル、コトナシ

第二六条　日本臣民ハ法律ニ定メタル場合ヲ除ク外信書ノ秘密ヲ侵サル、コトナシ

第二七条①日本臣民ハ其ノ所有権ヲ侵サル、コトナシ
②公益ノ為必要ナル処分ハ法律ノ定ムル所ニ依ル

第二八条　日本臣民ハ安寧秩序ヲ妨ケス及臣民タルノ義務ニ背カサル限ニ於テ信教ノ自由ヲ有ス

第二九条　日本臣民ハ法律ノ範囲内ニ於テ言論著作印行集会及結社ノ自由ヲ有ス

第三〇条　日本臣民ハ相当ノ敬礼ヲ守リ別ニ定ムル所ノ規程ニ従ヒ請願ヲ為スコトヲ得

第三一条　本章ニ掲ケタル条規ハ戦時又ハ国家事変ノ場合ニ於テ天皇大権ノ施行ヲ妨クルコトナシ

第三二条　本章ニ掲ケタル条規ハ陸海軍ノ法令又ハ紀律ニ牴触セサルモノニ限リ軍人ニ準行ス

第三章　帝国議会

第三三条　帝国議会ハ貴族院衆議院ノ両院ヲ以テ成立ス

第三四条　貴族院ハ貴族院令ノ定ムル所ニ依リ皇族華族及勅任セラレタル議員ヲ以テ組織ス

第三五条　衆議院ハ選挙法ノ定ムル所ニ依リ公選セラレタル議員ヲ以テ組織ス

第三六条　何人モ同時ニ両議院ノ議員タルコトヲ得ス

第三七条　凡テ法律ハ帝国議会ノ協賛ヲ経ルヲ要ス

第三八条　両議院ハ政府ノ提出スル法律案ヲ議決シ及各々法律案ヲ提出スルコトヲ得

第三九条　両議院ノ一ニ於テ否決シタル法律案ハ同会期中ニ於テ再ヒ提出スルコトヲ得ス

第四〇条　両議院ハ法律又ハ其ノ他ノ事件ニ付各々其ノ意見ヲ政府ニ建議スルコトヲ得但シ其ノ採納ヲ得サルモノハ同会期中ニ於テ再ヒ建議スルコトヲ得ス

第四一条 帝国議会ハ毎年之ヲ召集ス

第四二条 帝国議会ハ三箇月ヲ以テ会期トス必要アル場合ニ於テハ勅令ヲ以テ之ヲ延長スルコトアルヘシ

第四三条 ①臨時緊急ノ必要アル場合ニ於テ常会ノ外臨時会ヲ召集スヘシ

②臨時会ノ会期ヲ定ムルハ勅命ニ依ル

第四四条 ①帝国議会ノ開会閉会会期ノ延長及停会ハ両院同時ニ之ヲ行フヘシ

②衆議院解散ヲ命セラレタルトキハ貴族院ハ同時ニ停会セラルヘシ

第四五条 衆議院解散ヲ命セラレタルトキハ勅命ヲ以テ新ニ議員ヲ選挙セシメ解散ノ日ヨリ五箇月以内ニ之ヲ召集スヘシ

第四六条 両議院ハ各々其ノ総議員三分ノ一以上出席スルニ非サレハ議事ヲ開キ議決ヲ為スコトヲ得ス

第四七条 両議院ノ議事ハ過半数ヲ以テ決ス可否同数ナルトキハ議長ノ決スル所ニ依ル

第四八条 両議院ノ会議ハ公開ス但シ政府ノ要求又ハ其ノ院ノ決議ニ依リ秘密会ト為スコトヲ得

第四九条 両議院ハ各々天皇ニ上奏スルコトヲ得

第五〇条 両議院ハ臣民ヨリ呈出スル請願書ヲ受クルコトヲ

得

第五一条 両議院ハ此ノ憲法及議院法ニ掲クルモノヽ外内部ノ整理ニ必要ナル諸規則ヲ定ムルコトヲ得

第五二条 両議院ノ議員ハ議院ニ於テ発言シタル意見及表決ニ付院外ニ於テ責ヲ負フコトナシ但シ議員自ラ其ノ言論ヲ演説刊行筆記又ハ其ノ他ノ方法ヲ以テ公布シタルトキハ一般ノ法律ニ依リ処分セラルヘシ

第五三条 両議院ノ議員ハ現行犯罪又ハ内乱外患ニ関ル罪ヲ除ク外会期中其ノ院ノ許諾ナクシテ逮捕セラルヽコトナシ

第五四条 国務大臣及政府委員ハ何時タリトモ各議院ニ出席シ及発言スルコトヲ得

第四章 国務大臣及枢密顧問

第五五条 ①国務各大臣ハ天皇ヲ輔弼シ其ノ責ニ任ス
②凡テ法律勅令其ノ他国務ニ関ル詔勅ハ国務大臣ノ副署ヲ要ス

第五六条 枢密顧問ハ枢密院官制ノ定ムル所ニ依リ天皇ノ諮詢ニ応ヘ重要ノ国務ヲ審議ス

第五章　司法

第五七条 ①司法権ハ天皇ノ名ニ於テ法律ニ依リ裁判所之ヲ行フ

②裁判所ノ構成ハ法律ヲ以テ之ヲ定ム

第五八条 ①裁判官ハ法律ニ定メタル資格ヲ具フル者ヲ以テ之ニ任ス

②裁判官ハ刑法ノ宣告又ハ懲戒ノ処分ニ由ルノ外其ノ職ヲ免セラル、コトナシ

③懲戒ノ条規ハ法律ヲ以テ之ヲ定ム

第五九条　裁判ノ対審判決ハ之ヲ公開ス但シ安寧秩序又ハ風俗ヲ害スルノ虞アルトキハ法律ニ依リ又ハ裁判所ノ決議ヲ以テ対審ノ公開ヲ停ムルコトヲ得

第六〇条　特別裁判所ノ管轄ニ属スヘキモノハ別ニ法律ヲ以テ之ヲ定ム

第六一条　行政官庁ノ違法処分ニ由リ権利ヲ傷害セラレタリトスルノ訴訟ニシテ別ニ法律ヲ以テ定メタル行政裁判所ノ裁判ニ属スヘキモノハ司法裁判所ニ於テ受理スルノ限ニ在ラス

第六章　会計

第六二条　①新ニ租税ヲ課シ及税率ヲ変更スルハ法律ヲ以テ之ヲ定ムヘシ

②但シ報償ニ属スル行政上ノ手数料及其ノ他ノ収納金ハ前項ノ限ニ在ラス

③国債ヲ起シ及予算ニ定メタルモノヲ除ク外国庫ノ負担トナルヘキ契約ヲ為スハ帝国議会ノ協賛ヲ経ヘシ

第六三条　現行ノ租税ハ更ニ法律ヲ以テ之ヲ改メサル限ハ旧ニ依リ之ヲ徴収ス

第六四条　①国家ノ歳出歳入ハ毎年予算ヲ以テ帝国議会ノ協賛ヲ経ヘシ

②予算ノ款項ニ超過シヌハ予算ノ外ニ生シタル支出アルトキハ後日帝国議会ノ承諾ヲ求ムルヲ要ス

第六五条　予算ハ前ニ衆議院ニ提出スヘシ

第六六条　皇室経費ハ現在ノ定額ニ依リ毎年国庫ヨリ之ヲ支出シ将来増額ヲ要スル場合ヲ除ク外帝国議会ノ協賛ヲ要セス

第六七条　憲法上ノ大権ニ基ツケル既定ノ歳出及法律ノ結果ニ由リヌハ法律上政府ノ義務ニ属スル歳出ハ政府ノ同意ナクシテ帝国議会之ヲ廃除シヌハ削減スルコトヲ得ス

第六八条 特別ノ須要ニ因リ政府ハ予メ年限ヲ定メ継続費トシテ帝国議会ノ協賛ヲ求ムルコトヲ得

第六九条 避クヘカラサル予算ノ不足ヲ補フ為ニ又ハ予算ノ外ニ生シタル必要ノ費用ニ充ツル為ニ予備費ヲ設クヘシ

第七〇条 ①公共ノ安全ヲ保持スル為緊急ノ需用アル場合ニ於テ内外ノ情形ニ因リ政府ハ帝国議会ヲ召集スルコト能ハサルトキハ勅令ニ依リ財政上必要ノ処分ヲ為スコトヲ得

②前項ノ場合ニ於テハ次ノ会期ニ於テ帝国議会ニ提出シ其ノ承諾ヲ求ムルヲ要ス

第七一条 帝国議会ニ於テ予算ヲ議定セス又ハ予算成立ニ至ラサルトキハ政府ハ前年度ノ予算ヲ施行スヘシ

第七二条 ①国家ノ歳出歳入ノ決算ハ会計検査院之ヲ検査確定シ政府ハ其ノ検査報告ト俱ニ之ヲ帝国議会ニ提出スヘシ

②会計検査院ノ組織及職権ハ法律ヲ以テ之ヲ定ム

第七章 補則

第七三条 ①将来此ノ憲法ノ条項ヲ改正スルノ必要アルトキハ勅命ヲ以テ議案ヲ帝国議会ノ議ニ付スヘシ

②此ノ場合ニ於テ両議院ハ各〻其ノ総員三分ノ二以上出席スルニ非サレハ議事ヲ開クコトヲ得ス出席議員三分ノ二以

上ノ多数ヲ得ルニ非サレハ改正ノ議決ヲ為スコトヲ得ス

第七四条①皇室典範ノ改正ハ帝国議会ノ議ヲ経ルヲ要セス

② 皇室典範ヲ以テ此ノ憲法ノ条規ヲ変更スルコトヲ得ス

第七五条 憲法及皇室典範ハ摂政ヲ置クノ間之ヲ変更スルコトヲ得ス

第七六条①法律規則命令又ハ何等ノ名称ヲ用キタルニ拘ラス此ノ憲法ニ矛盾セサル現行ノ法令ハ総テ遵由ノ効力ヲ有ス

②歳出上政府ノ義務ニ係ル現在ノ契約又ハ命令ハ総テ第六十七条ノ例ニ依ル

日本国とアメリカ合衆国との間の
相互協力及び安全保障条約

1960.1.19 ワシントンで署名
1960.6.23 批准書交換、発効

日本国及びアメリカ合衆国は、

　両国の間に伝統的に存在する平和及び友好の関係を強化し、並びに民主主義の諸原則、個人の自由及び法の支配を擁護することを希望し、

　また、両国の間の一層緊密な経済的協力を促進し、並びにそれぞれの国における経済的安定及び福祉の条件を助長することを希望し、

　国際連合憲章の目的及び原則に対する信念並びにすべての国民及びすべての政府とともに平和のうちに生きようとする願望を再確認し、

　両国が国際連合憲章に定める個別的又は集団的自衛の固有の権利を有していることを確認し、

　両国が極東における国際の平和及び安全の維持に共通の関心を有することを考慮し、

　相互協力及び安全保障条約を締結することを決意し、

　よつて、次のとおり協定する。

第1条

　締約国は、国際連合憲章に定めるところに従い、それぞれが関係することのある国際紛争を平和的手段によつて国際の平和及び安全並びに正義を危うくしないように解決し、並びにそれぞれの国際関係において、武力による威嚇又は武力の行使を、いかなる国の領土保全又は政治的独立に対するものも、また、国際連合の目的と両立しない他のいかなる方法によるものも慎むことを約束する。

　締約国は、他の平和愛好国と協同して、国際の平和及び安全を維持する国際連合の任務が一層効果的に遂行されるように国際連合を強化することに努力する。

第2条

　締約国は、その自由な諸制度を強化することにより、これらの制度の基礎をなす原則の理解を促進することにより、並びに安定及び福祉の条件を助長することによつて、平和的かつ友好的な国際関係の一層の発展に貢献する。締約国は、その国際経済政策におけるくい違いを除くことに努め、また、両国の間の経済的協力を促進する。

第3条

　締約国は、個別的に及び相互に協力して、継続的かつ効果的な自助及び相互援助により、武力攻撃に抵抗するそれぞれの能力を、憲法上の規定に従うことを条件として、維持し発展させる。

第4条

　締約国は、この条約の実施に関して随時協議し、また、日本国の安全又は極東における国際の平和及び安全に対する脅威が生じたときはいつでも、いずれか一方の締約国の要請により協議する。

第5条

　各締約国は、日本国の施政の下にある領域における、いずれか一方に対する武力攻撃が、自国の平和及び安全を危うくするものであることを認め、自国の憲法上の規定及び手続に従つて共通の危険に対処するように行動することを宣言する。

　前記の武力攻撃及びその結果として執つたすべての措置は、国際連合憲章第51条の規定に従つて直ちに国際連合安全保障理事会に報告しなければならない。その措置は、安全保

障理事会が国際の平和及び安全を回復し及び維持するために必要な措置を執つたときは、終止しなければならない。

第6条

　日本国の安全に寄与し、並びに極東における国際の平和及び安全の維持に寄与するため、アメリカ合衆国は、その陸軍、空軍及び海軍が日本国において施設及び区域を使用することを許される。

　前記の施設及び区域の使用並びに日本国における合衆国軍隊の地位は、1952年2月28日に東京で署名された日本国とアメリカ合衆国との間の安全保障条約第3条に基く行政協定（改正を含む。）に代わる別個の協定及び合意される他の取極により規律される。

第7条

　この条約は、国際連合憲章に基づく締約国の権利及び義務又は国際の平和及び安全を維持する国際連合の責任に対しては、どのような影響も及ぼすものではなく、また、及ぼすものと解釈してはならない。

第8条

　この条約は、日本国及びアメリカ合衆国により各自の憲法上の手続に従つて批准されなければならない。この条約は、両国が東京で批准書を交換した日に効力を生ずる。

第9条

　1951年9月8日にサン・フランシスコ市で署名された日本国とアメリカ合衆国との間の安全保障条約は、この条約の効力発生の時に効力を失う。

第10条

　この条約は、日本区域における国際の平和及び安全の維持のため十分な定めをする国際連合の措置が効力を生じたと日本国政府及びアメリカ合衆国政府が認める時まで効力を有する。

　もつとも、この条約が10年間効力を存続した後は、いずれの締約国も、他方の締約国に対しこの条約を終了させる意思を通告することができ、その場合には、この条約は、そのような通告が行なわれた後1年で終了する。

　以上の証拠として、下名の全権委員は、この条約に署名した。

にほんこくけんぽう
日本国憲法

1999年5月3日　初　版第1刷
2011年5月3日　新装版第1刷

編　集　憲法改悪阻止各界連絡会議（略称　憲法会議）
　　　　〒101-0051　東京都千代田区神田神保町2-10
　　　　神保町マンション202号　電話03-3261-9007
発行者　比留川　洋
発行所　株式会社　本の泉社
〒113-0033　東京都文京区本郷2-25-6
電話 03-5800-8494　FAX 03-5800-5353　http://www.honnoizumi.co.jp/
印刷　日本ハイコム株式会社
製本　株式会社　難波製本

©2011, KENPOUKAIAKUSOSIKAKKAIRENRAKUKAIGI
Printed in Japan
ISBN978-4-7807-0622-2　C0132

※落丁本・乱丁本はお取り替えいたします。
※定価はカバーに表示してあります。